RAINER WÖRTMANN

WEIN

---

100 FRAGEN
100 ANTWORTEN

IMPRESSUM

© 2014
Rainer Wörtmann
20144 Hamburg
rwoertmann@aol.com

Idee und Gestaltung:
Rainer Wörtmann

Die Abbildungen S. 48/49 aus:
„Wein - Die kleine Schule",
Verlag Zabert/Sandmann, München
Alle anderen Abbildungen aus:
Wine and the Artist
© 1979 Dover Publications, Inc. N.Y.

Herstellung und Verlag:
BoD - Books on Demand
22848 Norderstedt
ISBN 978-3-7347-6480-6

INHALT

ALLGEMEINES	SEITE 5
GESCHICHTLICHES	SEITE 8
GENIESSEN	SEITE 10
DEKANTIEREN	SEITE 19
LAGERN	SEITE 20
HERSTELLUNG	SEITE 25
REBSORTEN	SEITE 35
SCHAUMWEINE	SEITE 45
FLASCHEN & ETIKETT	SEITE 48
ETIKETT	SEITE 50
FEHLER	SEITE 53

ALLGEMEINES

1 Welche Länder erzeugen den meisten Wein?

An erster Stelle liegt Italien mit etwa 68 Millionen Hektolitern, fast gleichauf folgen Frankreich, danach Spanien, die Staaten der ehemaligen Sowjetunion, Argentinien und die USA. Deutschland liegt in der Weinerzeugung mit etwa 13 Millionen Hektolitern weltweit an siebenter Position.

2 Wo findet Weinanbau statt?

Auf der nördlichen Hälfte: in Europa ungefähr zwischen dem 50. und 40. Breitegrad. In der südlichen Hälfte zwischen dem 30. und 45. Breitegrad

3 Aus was besteht Wein?

Ein durchgegorener Weißwein besteht aus:

83 % Wasser	12 % Alkohol
1 % Glycerin	1 % Zucker (Fructose)
0,8 % Säure	0,3 % Mineralien
0,25 % Stickstoffverbindungen	0,03 % Kohlendioxyd
0,001 % Aromastoffe	0,001 % Vitamine

4 Ist Wein wirklich gesund?

Viele Inhaltsstoffe im Rotwein schließen auf eine positive Wirkung. Der Wein besitzt viele Vitamine und Mineralien wie Eisen und Magnesium. Zusätzlich dazu tragen die so genannten Phenole zur Verringerung des schlechten Cholesterin-Wertes bei und verhindern die Ablagerung von Fetten in den Arterien. In Maßen genossen, kann Rotwein also durchaus gesundheitsfördernd sein. Ärzte empfehlen jedoch höchstens ein Glas Wein am Tag zu

trinken und regelmäßig alkoholfreie Tage einzulegen, da auch der Alkohol im Rotwein bei übermäßigem Verzehr schädlich sein kann.

5 Was ist der Unterschied zwischen Tafeltrauben und Weintrauben?

Weintrauben haben viele kleine, dichtsitzende Beeren, also relativ wenig Fruchtfleisch und relativ viel Schale.

6 Wer ist der einflussreichste Weinkritiker?

Robert Parker jun. aus den USA – was auch immer er sagt oder in seiner Zeitschrift „Wine Advocate" schreibt, wird von seiner riesigen Fangemeinde auf der ganzen Welt unter Ausschaltung des eigenen Geschmacks nahezu widerspruchslos akzeptiert.

7 Welche Folgen hat das Urteil von R. Parker?

Wenn Robert Parker jun. Weine bewertet, vergibt er Punkte innerhalb einer Skala von 50 bis 100 Punkten. Alle Weine, die über 90 Punkten liegen, sind fast umgehend ausverkauft. Deshalb keltern Weinmacher ihre Weine nach Parkergeschmack. Hohe Punktzahlen sind die beste Werbung und treiben den Preis in die Höhe, nach Bekanntgabe der Wertung um 300 bis 400 Prozent. Der Nachteil: So entsteht weltweit eine einheitlich vordergründige Geschmacksrichtung.

8 Wie werden die Flaschengrößen bezeichnet?

Normal 0,75 l	Magnum 1,5 l
Doppelmagnum 3 l	Jeroboam 4,5 l
Imperiale 6 l	Salmanazar 9 l
Balthasar 12 l	Nebukadnezar 15 l

9 Wer hat den Wein erfunden?

Die Geschichte des Weins geht bereits in die Zeiten vor Christus zurück. Anhand von Funden aus Georgien und dem Irak schließen Forscher, dass Winzer vor mehr als 5000 Jahren im ehemaligen Mesopotamien die ersten Weinsorten kultivierten. Ägypter, Perser und Griechen begannen bald danach ebenfalls Weinsorten bewusst anzubauen und einen Handel damit zu betreiben. In Deutschland kurbelten wohl die Römer den massiven Weinanbau an. Weine besitzen weltweit also eine sehr lange Geschichte.

10 Welche Weinregionen sind die bedeutendsten in der „Neuen Welt"?

Unter dem Begriff „Neue Welt" werden die Weinregionen in Übersee zusammengefasst, also Nordamerika mit Kalifornien, Oregon und Washington, Südamerika mit Chile, Argentinien, Uruguay und Brasilien, sowie Südafrika, Neuseeland und Australien.

11 Was sind die wichtigsten Unterschiede zwischen der Alten Welt" und der „Neuen Welt"?

Viel strengere Weingesetze (das strengste hat Deutschland) mit starker Kontrolle, dadurch eine größere Qualitätsgarantie für den Weinfreund, eine sehr lange Tradition, einen riesigen Fundus noch weitgehend unbekannter Rebsorten, deren Weine zu entdecken sind, und ein überwiegend kühleres Klima, das Weine mit einem ausgewogenen Verhältnis von Frucht und Säure begünstigt.
Die hierzulande teilweise starken Temperaturschwan-

kungen lassen jahrgangsbedingt oft interessantere Weine als in der „Neuen Welt" wachsen.

12 Wann wütete die Reblaus in Europa?

Die Reblauskatastrophe war von 1850 bis 1930. Durch sie wurden viele europäische Sorten unwiederbringlich ausgelöscht. Die amerikanischen Reben hatten Wurzeln, die gegen die Reblaus immun waren. Also importierte man amerikanische Weinstöcke und propfte europäische Rebreiser auf sie. Bis heute hat die Reblaus in Europa nicht mehr Fuß gefasst.

13 Ist Geschmack oder Duft des Weines wichtiger?

Da der Mensch mit der Zunge nur vier Geschmacksrichtungen schmecken kann (bitter, sauer, salzig und süß), aber zwischen 2000 und 4000 Gerüchen unterscheiden kann, erkennt der Mensch den Wein am Duft leichter. Selbst wenn der Wein durch den Hals fließt, gelangt sein Duft durch die Nasengänge an die Nasenschleimhaut. Der Mensch glaubt manchmal zu schmecken, was er in Wirklichkeit riecht.

14 Warum bezeichnet man Weine z.B. als „erdig"?

Die Beschreibung des Duftes endet oft in bizarren Ausdrücken, wie „erdig", „stahlig", „Kaffee" oder „Leder". Dies ist kaum zu vermeiden, da es sich um persönliche momentane Assoziationen handelt. Da es sich beim Bouquet immer um eine Vielzahl von Düften handelt, kann der Gesamteindruck durchaus ansprechend sein.

15 Warum bilden sich am Weinglas „Fenster"?

Die Schlieren, Tränen oder Kirchenfenster werden durch den Alkohol und Extraktgehalt gebildet.

16 Wie beschreibt man einen Wein richtig?

Das Beschreiben von Wein beruht immer auf der individuellen Wahrnehmung jedes Einzelnen. Von richtig oder falsch kann man deshalb nicht sprechen.
Allerdings haben es Menschen, die sich ausschließlich von Fastfood ernähren, schwieriger den Geschmack eines Weines treffend zu beschreiben. Durch bewusstes Trinken und Essen schult man seinen Gaumen für einzelne

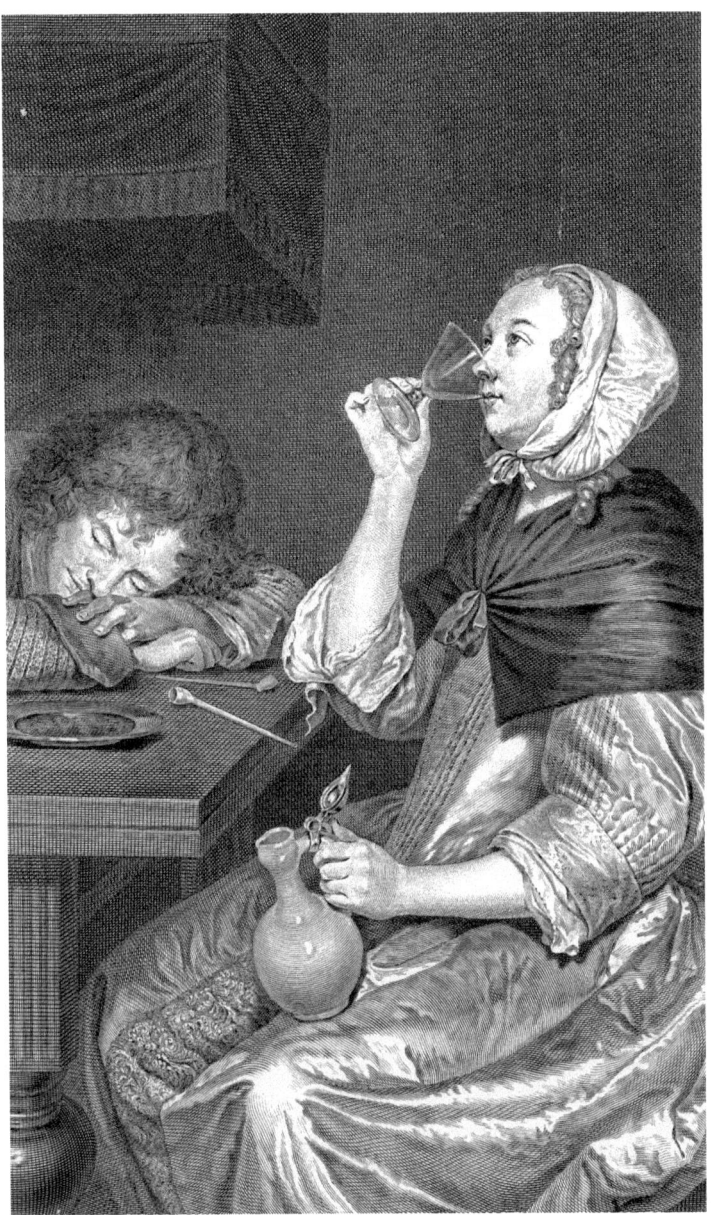

Aromen. Nur wer weiß, wie eine Quitte schmeckt, kann ein Quittenaroma aus einem Riesling herausfiltern.

17 Wie hält man ein Weinglas in der Hand?

Niemals mit der ganzen Hand um den Kelch, sondern immer am Stiel, zwischen Daumen und Zeigefinger, sonst erwärmt sich gerade Weißwein zu schnell.

18 Welches Glas für welchen Wein?

Das Glas soll die Aromen im Wein zur Entwicklung bringen. Die Theorien zum Glas sind sehr vielfältig. Generell sollte Weißwein in einem schlankeren nach oben enger werdenden Glas serviert werden, Rotwein dagegen entfaltet seinen Geschmack in Verbindung mit Sauerstoff in einem großbauchigen Glas.

| **Portweinglas**, Kleiner aber nicht zu enger Kelch | **Sherryglas**, Hochgezogene, schmale Tulpenform | **Rotweinglas** Für schwere Rotweine, bauchige Form | **Rotweinglas** Für tanninbetonte Weine, wie Burgunder-Weine | **Rotweinglas** Klassisch, universell einsetzbar, speziell junge Rotweine |

So sollte ein Weinglas im allgemeinen beschaffen sein:
Glasklar – damit sich Klarheit und Brillanz eines Weines spiegeln.
Hauchdünn – das erhöht den Trinkgenuss und auch die Temperatur des Weines wird von einem dünnen Glas weniger beeinflusst.
Langstielig – damit das Glas am Stiel gehalten werden kann und die Hand nicht den Wein erwärmt und unschöne Fingerabdrücke hinterlässt.
Sauber – Spülmittel und Getränkereste stören den Geruch und Geschmack.

19 Welcher Wein passt zu welchem Essen?

Hier ist erlaubt, was gefällt. Der Wein sollte dabei den Geschmack des Essens unterstreichen.
Bei einem ausgedehnten Essen sollten die Weine mit

Schaumweinglas	Schaumweinglas	Römer	Elsässer Weißweinglas	Weißweinglas
Klassische Champagnerflöte	Für hochwertige Jahrgangschanpagner	Folkloristisches, deutsches Glas, für Rot- und Weißweine	Aber auch für andere Weißweine	Klassisch für alle trockenen Weißweine

jedem Gang stärker an Geschmack und Gehalt werden.
Als Hilfestellung können Sie sich für die Auswahl der Weine folgende Regeln vor Augen halten:
Essig, Zitronensäure und Öl greifen den Weingeschmack an. Sie sollten deshalb nur in Maßen verwendet werden.
Der Alkohol im Wein verstärkt den Eindruck von Süße und Gewürzen.
Bitterstoffe im Wein oder auch in den Speisen (durch Rösten, Schmoren usw.) mäßigen die Säureempfindung.
Stark fetthaltige Speisen sind mit Weinen, die viel Säure, Gerbstoffe und Alkohol enthalten, bekömmlicher.
Säurereiche Weine sollten nicht mit stark sauren Speisen genossen werden. Das schlägt oft auf den Magen.
Die Mär, dass zu Suppen kein Wein genossen werden kann, ist falsch. Sehr sahnige Suppen z. B. lassen sich gut mit einem kräftigen, weißen Burgunder kombinieren, der etwas Restsüße hat. Eis und Wein vertragen sich dagegen wirklich nicht. Generell gilt, dass der Wein stets süßer als die Speise sein sollte

20 Muss Rotwein zu Käse sein?

Eigentlich ist nur beim Hartkäse sowie zum Parmesan Rotwein angesagt, alle anderen Käsesorten vertragen sich besser mit Weißweinen. Zu Schimmelkäse sind sogar Weißweine mit Restsüße die erste Wahl.

21 Wie trinkt man Wein richtig?

Grundsätzlich sollte man, bevor man das Glas ansetzt, zunächst die Farbe des Weines begutachten. Oft kann man daraus bereits Rückschlüsse auf den Geschmack ziehen. Dunkle Weißweine sind zum Beispiel im Regelfall entweder relativ süß oder vergleichsweise alt.
Nach den Augen kommt die Nase zum Einsatz: Durch

intensives Riechen entstehen automatisch die ersten Assoziationen bezüglich der im Wein enthaltenen Aromen.
Erst anschließend probiert man den Wein, indem man einen Schluck „schlürft" und ihn mehrmals die Zunge umspülen lässt.
Nur das Zusammenspiel von Sehen, Riechen und Schmecken ermöglicht es, sich einen umfassenden Eindruck von dem Wein zu verschaffen.

22 Was bedeutet „Bukett"?

Die charakteristischen Gerüche und Aromen eines Weines, die auch den Geschmack prägen, heißen Bukett. Sie können als „Primäraromen" direkt von der Traube kommen oder als „Sekundäraromen" durch Gärung entstehen. Die Verbindungen der unterschiedlichen Düfte und Aromen führen zu einer Fülle von bis zu 800 verschiedenen Aromastoffen. Je nach Grad der Duftstoffentwicklung spricht man von feinfruchtig-blumigen, bukettreichen, parfümierten oder sogar aufdringlichen Weinen. Je intensiver und klarer das Bukett (Blume) eines Weines ist, umso leichter lassen sich Rückschlüsse auf Rebsorte und Anbaugebiet ziehen. So duftet eine Scheurebe oft nach schwarzen Johannisbeeren oder Maracuja, während ein Grauburgunder eher nach Birne und Ananas

riecht. Kalkhaltige Böden bringen Weine mit exotischen Aromen wie Maracuja oder Mango hervor, lehmhaltige eher Geruchsnoten von grünem Apfel oder Grapefruit. Junger, kühl vergorener Wein duftet oft nach Banane, Ananas oder Pfirsich mit dem Aroma von frischen Früchten; je älter der Wein, desto mehr erinnert sein Bukett an getrocknete Früchte.

23 Was bezeichnet man als „Abgang"?

Den letzten, im Mund verbleibenden Geschmack eines Weines nach dem Schlucken: je länger desto besser

24 Warums haben manche Weine weiße Kristalle?

Sobald Wein in der Flasche kühler gelagert wird als vor der Abfüllung, bilden sich aus Weinsäure und Mineralstoffen Kristalle. Es ist also kein Zucker, wie oft irrtümlich angenommen wird. Auf Geschmack und Qualität des Weines hat der Weinstein keinen Einfluss, es handelt sich also nicht um einen Weinfehler.

25 Warum Weißwein kühler als Rotwein servieren?

Wärme hebt die Säure des Weißweins hervor und erzeugt einen eher herben Geschmack. Gut gekühlt verbinden sich Säure und Fruchtigkeit. Die Geschmacks- und Aromanuancen des Rotweins entfalten sich dagegen erst bei höheren Temperaturen. Bei zu kaltem Rotwein schmecken die Gerbstoffe bitter.

26 Darf man Weißwein kurz im Kühlfach kühlen?

Eine Weinflasche im Gefrierfach kurz vor dem Verzehr herunterzukühlen hat nichts Verwerfliches an sich und verstößt keinesfalls gegen die Etikette – denn wie der

Wein seine Temperatur erhalten hat, lässt sich nicht schmecken. Wein sollte aber niemals mit Eiswürfeln gekühlt werden, das verwässert.

27 Welche Temperatur ist richtig?

Grundsätzlich gilt: Weißwein im Kühlschrank auf 7 bis 8 Grad Celsius kühlen, Rotwein am besten bei etwa 16 Grad Celsius anbieten. Um die unterschiedlichen Weine zur vollen Entfaltung zu bringen, kann man sich an folgende Empfehlungen halten:
Sekt und Perlwein 8 – 10 °C
Junge, leichte Weißweine z.B. Kabinett 9 – 11 °C
Reife, kräftige Weißweine, z.B. Spätlese 11 – 13 °C
Roséweine, Weißherbst 9 – 13 °C
Jugendliche, leichte Rotweine 14 – 16 °C
Reife, gehaltvolle Rotweine, z.B. Spätlese 16 – 18 °C
Gehaltvolle Rotweine, z.B. Barrique 18 – 20 °C

28 Wie öffne ich eine Weinflasche am besten?

Entfernen Sie zunächst die Kapsel, die den Wein von äußeren Einwirkungen wie zum Beispiel Korkmottenbefall und Schmutz schützt. Der Belag auf dem Korken sollte sorgfältig abgewischt werden. Ziehen Sie den Korken ohne „Plopp" mit einem geeigneten Korkenzieher, der auf keinen Fall den ganzen Korken durchbohren darf, heraus.

29 Wie schenkt man aus einem Bocksbeutel ein?

Man sollte den Bocksbeutel flach und den Daumen auf dem Etikett halten.

DEKANTIEREN

30 Wann sollte Wein dekantiert werden?

Man unterscheidet Satz- und Umfüll-Dekantieren. Alte Rotweine werden vorsichtig satzdekantiert, um den Weinsatz in der Flasche zurückzuhalten. Jüngere Rotweine erhalten durch schwungvolles Umschütten in eine Dekantierkaraffe Zufuhr von Sauerstoff und verlieren dadurch die herben Aromen und werden weicher und runder. Durch die Vergrößerung der Oberfläche können sich die feinen Duft- und Geschmacksstoffe besser entfalten.

31 Muss Rotwein atmen und was bedeutet das?

Durch mehr Sauerstoff können sich die Aromen besser entfalten. Frühzeitiges Entkorken allein bringt kaum etwas – dafür ist die Flaschenöffnung zu klein. Sinnvoll ist dagegen das Umfüllen in eine Karaffe.

32 Soll man nur Rotweine dekantieren?

Einen Weißwein sollte man niemals dekantieren, sondern lieber vorsichtig direkt aus der Flasche einschenken. Bei zuviel Berührung mit der Luft verliert ein Weißwein an Aroma und Bukett. Selbst wenn beim Einschenken das eine oder andere der Kristalle in das Glas gerät, beeinträchtigt es in keiner Weise den Geschmack, den Glanz oder die leuchtende Farbe des Weines.

33 Wie wird Wein richtig gelagert?

Wein, der zur längeren Lagerung gedacht ist, sollte liegen, damit der Korken mit dem Wein in Berührung kommt und feucht bleibt, ebenso bei einer Luftfeuchtigkeit über 35 %, damit der Korken nicht krümelig und durchlässig wird; gelangt Sauerstoff an den Wein, oxidiert er und wird ungenießbar.

Dunkel lagern, da er langfristig Schaden durch Licht nehmen kann.

Zwischen 8 und 18 °C lagern aber möglichst ohne größere Schwankungen.

Erschütterungsfrei lagern, damit sich die im Wein absetzenden Schwebstoffe, das Depot, nicht aufwirbeln.

Geruchsneutral lagern, da fremde Gerüche (z. B. in Garage, Waschküche) den Wein beeinflussen können.

34 Welche Unterschiede bestehen zwischen Edelstahltank und dem traditionellen, großen Holzfass?

Edelstahltanks sind leichter zu reinigen, die Kontrolle der Gärtemperatur ist viel einfacher als bei Holzfässern. Für fruchtbetonte, frische Weißweine und leichte Rotweine ist der Edelstahltank die bessere Wahl, für die Fruchtentwicklung und Struktur feiner, komplexer Rotweine ist das Holzfass vorzuziehen.

35 Welcher Verschluss ist am besten für den Wein?

Für viele Weinfreunde ist der Korken noch immer ein wesentlicher Inbegriff der Weinkultur. Als Weinverschluss ermöglicht der Kork eine natürliche Sauerstoffzufuhr, die sich – insbesondere bei hochwertigen Weinen – positiv auf die Reife des Weines auswirkt. Als traditioneller

Verschluss bekommt er inzwischen eine immer größer werdende Konkurrenz.
Seit 2003 gibt es den Glasverschluss „vino loc" als Alternative. Er verschließt die Flasche absolut dicht. Damit verändert sich der Wein nicht weiter. Preislich ist der Glasverschluss ungefähr mit einem guten Kork zu vergleichen. Das Handling ist eher aufwändig. Daher wird der Glasverschluss im mittleren bis gehobenen Preissegment eingesetzt.
Schraubverschlüsse eignen sich besonders für trinkfertige Weine und Literflaschen und wurden lange Zeit vorwiegend in der Gastronomie eingesetzt, der einfachen Handhabung wegen. Mittlerweile hat der Schraubverschluss dank optischer Verbesserung auch im Privathaushalt Einzug gehalten. Zu letzteren gehört die Meinung, Schraubverschlüsse wären ein Indikator für Billigwein. Dies trifft schon seit Jahren nicht mehr zu und diese Verschlussart, insbesondere der verkleidete Long Cap, wird gut von den Weingenießern angenommen. Die Vorteile: Kein Korkschmecker möglich, einfach wieder verschließbar.

36 Wie lange lässt sich eine offene Flasche lagern?

Verschlossen und im Kühlschrank gelagert, hält sich Weißwein etwa 1 Tag, Rotwein etwa 2 Tage. Danach gehen die Aromen verloren.
Der Fachhandel bietet Vakuum-Verschluss-Systeme, mit denen der Sauerstoff aus der Flasche gezogen wird. Dies ermöglicht, die Lagerung um 1 bis 2 Tage zu verlängern.

37 Was versteht man unter „Schwund"?

Wenn der Pegel des Weines in der Flasche unterhalb des Flaschenhalses fällt, hat er „Schwund" und sollte möglichst bald getrunken werden

LAGERN

38 Wie lange kann man Weine lagern?

Die Haltbarkeit von Weinen kann nur geschätzt werden. In folgender Tabelle ist eine Zeitspanne (in Jahren) angegeben, in der sich ein Wein auf der Flasche hält:

WEISSWEINE

Frankreich
Muscadet	1 – 2
Bordeaux Blanc	1 – 2
Macon	2 – 5
Pinot Gris	2 – 8
Riesling (Elsass)	2 – 10
Graves	2 – 10
Sancerre	2 – 5
Pouilly Fumé	2 – 8
Chablis Premier Cru	2 – 8
Meursault	2 – 10
Puligny Montrachet	3 – 15

Österreich
Grüner Veltliner	1 – 3
Riesling	1 – 5

Italien
Galestra	1 – 2
Prosecco	1 – 2
Soave	1 – 3
Gavi	1 – 3
Pinot Grigia	1 – 3
Vernaccia	1 – 3
Tocai	1 – 5
Weißburgunder	1 – 5
Sauvignon	1 – 5

Deutschland
Müller-Thurgau Q.b.A.	1 – 2
Silvaner	1 – 2
Grauer Burgunder	1 – 5
Weißer Burgunder	1 – 5
Silvaner (Franken)	1 – 5
Riesling Spätlese	2 – 15

Spanien
Rioja	1 – 2
Albarino	1 – 3

Kalifornien, Australien
Fume Blanc	2 – 5
Chardonnay	2 – 8

ROTWEINE

Frankreich
Côtes du Roussillon	1 – 3
Coteaux du Languedoc	1 – 3
Corbières	1 – 5
Anjou Rouge	1 – 5
Bordeaux Superieur	1 – 5
Bourgogne Rouge	1 – 5
Côtes du Rhône	1 – 7
Châteauneuf-du-Pape	2 – 7
Chamberlin	3 – 15
Bordeaux Cru Bourgeois	3 – 12
Bordeaux St.-Emilion	3 – 20
Bordeaux Pauillac	3 – 30
Bordeaux Premier Cru	10 – 60

Österreich
Blaufränkisch	1 – 5

Schweiz
Blauer Burgunder	1 – 5
Merlot	1 – 5

Italien
Valpolicella classico	1 – 5
Sangiovese	1 – 5
Barbera	1 – 5
Chianti classico	1 – 7
Vino Nobile Montepulciano	3 – 8
Brunello di Montolcino	3 – 12
Barolo, Barbaresco	5 – 20

Deutschland
Dornfelder	1 – 3
Spätburgunder	1 – 7

Spanien
Navarra	2 – 10
Rioja	2 – 20
Vega Sicilia	2 – 25

Kalifornien, Chile, Australien
Zinfandel	1 – 6
Cabernet Sauvignon	3 – 15
Shiraz	3 – 15

39 Welche Weine lassen sich lange lagern?

Entscheidend für die Lagerfähigkeit von Rot- und Weißweinen sind deren Säurestruktur, Extrakt, Alkoholgehalt und Edelsüße, bei Rotweinen zudem die Tanninstruktur. Daraus ergeben sich folgende Empfehlungen:
Normale Qualitäts- sowie Kabinettweine sollten nicht lange gelagert werden.
Trockene Weine sollten nach 3-4 Jahren getrunken sein.
Edelsüße Qualitäten (Spätlese, Auslese, Beerenauslese, Trockenbeerenauslese und Eiswein) sowie
Rotweine mit hohem Alkohol- und Gerbstoffgehalt können über längere Zeit gelagert werden.

40 Wie und wie lange kann man Sekt lagern?

Im Gegensatz zu stillen Weinen sollten Schaumweine stehend lagern. Der Korken wird durch den feinen Kohlensäure-Nebel im Raum zwischen Sekt und Korken gut feucht gehalten. Wenn die Flasche liegt, würde dagegen der Korken zu stark durchfeuchtet, die Gefahr von Korkgeschmack wäre größer. Auf jeden Fall sollte die Lagerung in kühlen, dunklen Räumen bei gleichmäßigen Temperaturen von maximal 15° C stattfinden. Auch bei diesen idealen Lagerbedingungen ist von einer längeren Flaschenlagerung über ein Jahr hinweg abzuraten.

41 Was ist ein „Barrique"?

Dies ist der Name für das 225-Liter-Eichenholzfass, das ursprünglich aus Bordeaux stammt und heute in aller Welt verwendet wird. Barrique-Weine riechen und schmecken nach Vanille, Karamell und leicht rauchig – Aromen, die viele Weinfreunde lieben und sich einiges kosten lassen, selbst wenn sie von hineingerührten Holzstückchen oder Spänen kommen. Denn weder der

Begriff „Barrique-Wein" noch die Machart, also die Reife im Fass sind geschützt.

42 Sind so genannte „Holzweine" besser?

Hochwertige Weiß- und Rotweine geeigneter Rebsorten gewinnen ganz sicher durch die Gärung und Reife im kleinen Holzfass an Ausdrucksstärke und Komplexität. Sie sind dann auch besser als Weine ohne Holzausbau. Fruchtbetonte, elegante Weine hingegen mit weniger Substanz, aber viel Säure und Vitalität verlieren durch die Lagerung im kleinen Holzfass ihre frische Frucht und Lebendigkeit und werden vom holzeigenen Gerbstoff erschlagen.

HERSTELLUNG

43 Ist die Weinqualität alter Reben besser?

Ja! Ab einem Alter von etwa 25 bis 30 Jahren werden die Reben träger und produzieren weniger Trauben. Dadurch konzentriert sich in jeder einzelnen Traube der Zucker, überhaupt alle wertvollen Inhaltsstoffe. Das bedeutet einen geringeren Ertrag, aber höhere Qualität.

44 Stimmt es, dass manche Rotweine auch Weißweine beinhalten?

Ja, dem Châteauneuf-du-Pape werden traditionellerweise auch weiße Trauben der Sorten Grenache Blanc, Bourboulenc und Rousanne beigemischt. Auch in den Chianti Classico wird Trebbiano und Malvasia mitverschnitten.

45 Was macht die Edelfäule?

Je länger die Trauben hängen, desto stärker schrumpeln sie. Sie gehen vom Stadium der Übereife ins Fäulnisstadium über. In manchen Jahren hilft hierbei auch der Grauschimmelpilz mit. Aus diesen edelfaulen Beeren werden edelsüße Weine gewonnen.

46 Ist Weiß- und Rotweinherstellung identisch?

Der wichtigste Unterschied bei der Herstellung von Weißwein und Rotwein, die sich ansonsten sehr ähnlich ist, besteht darin, dass beim Weißwein nur der Saft der Trauben vergoren wird, beim Rotwein hingegen die Trauben samt Schale vergoren werden.

Da die Farbstoffe der Traube in der Schale sitzen, ist es für Weißweine notwendig, den reinen Saft zu vergären. Die weißen Trauben werden nach Ankunft im Weingut

HERSTELLUNG

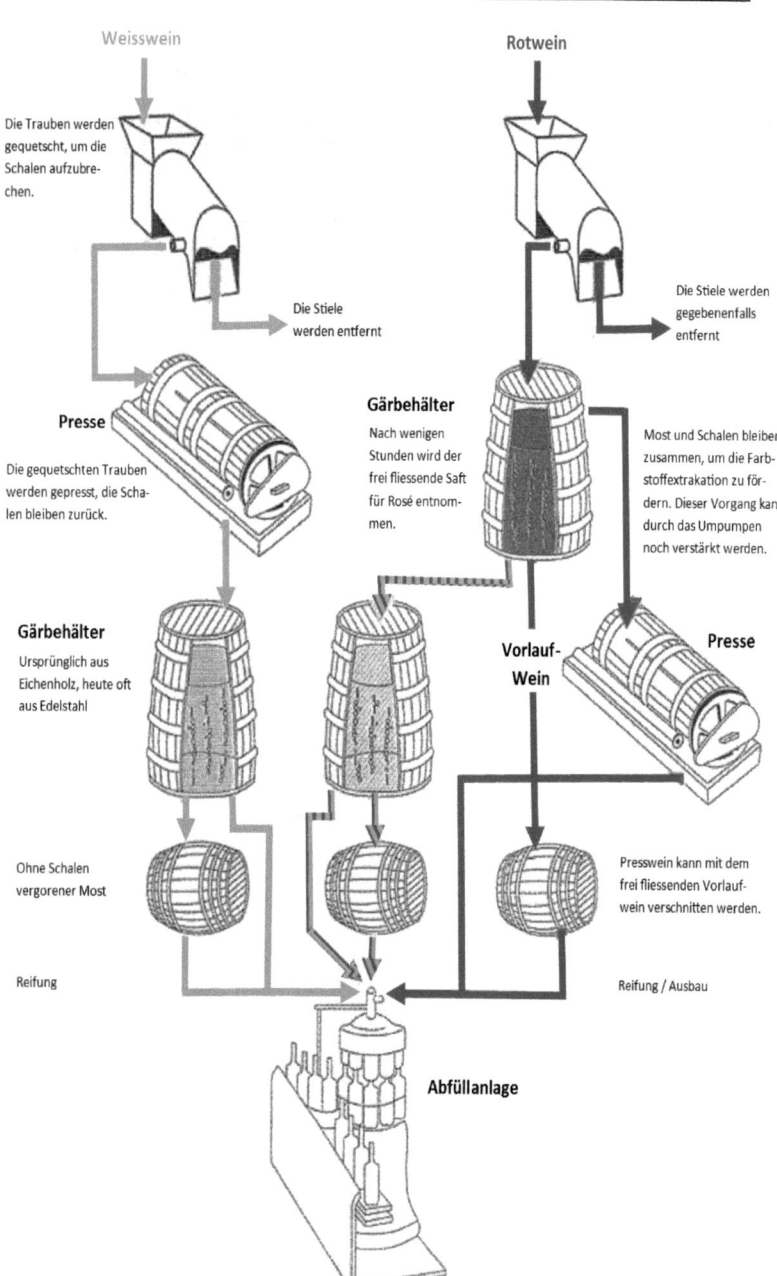

sofort gepresst und der aufgefangene Saft wird vergoren. Die roten Trauben hingegen werden zuerst von ihren Stilen befreit (Abbeeren) und dann gemahlen oder gequetscht. Die so gewonnene Maische, bestehend aus Fruchtfleisch, Saft, Schale und Kernen, bildet die Grundlage für den Rotwein. Die Maische wird vergoren und erst anschließend gepresst. Das Abbeeren findet heute aber auch bei vielen weißen Trauben statt. Für die Erzeugung von Champagner oder edelsüßen Weinen wird allerdings darauf verzichtet.

47 Wie entsteht Rosè oder Weißherbst?

Der Roséwein ist keine Mischung aus Weiß- und Rotwein, sondern er wird meistens aus roten Trauben hergestellt. Man lässt den Most nur wenige Stunden – nicht Tage – mit den ausgepressten Schalen zusammen stehen. So entsteht nur eine blasse Färbung.

48 Wie wichtig ist der Gerbstoff Tannin?

Für alle großen Rotweine ist das Tannin aus der Schale wichtig, da es auch für die Güte des Weines steht.

49 Was ist die Menge-Güte Relation?

Je weniger Trauben auf einer bestimmten Fläche produziert werden, desto besser der Wein. Dies wird kaum von einem Winzer bestritten.

50 Was ist „Assemblage"?

In Frankreich werden die meisten großen Weine aus mehreren Rebsorten gewonnen. Beim weißen Bordeaux sind es mindestens zwei, beim roten oft vier, beim Champagner traditionell drei, beim Châteauneuf-du-Pape bis zu dreizehn. Mit Hilfe von Messbechern werden die Weine abgemessen und probiert, bis die „richtige" Mischung gefunden ist und im Großen zusammengesetzt werden kann.

An der Rhône und im Chianti, wo die Weine ebenfalls aus mehreren Sorten bestehen werden die Trauben gemeinsam vergoren. Dies bezeichnet man als „gemischter Satz".

51 Was bedeutet Depot im Wein?

Der Wein wurde nicht stabilisiert und filtriert. meist ein Zeichen für Qualität.

52 Welchen Einfluss haben Klima, Boden und Lage auf den Wein?

Rebsorte, Jahrgang, Anzahl der Sonnenstunden, Volumen und Zeitpunkt der Niederschläge, natürlich die Fähigkeiten des Winzers, aber auch die klimatischen Gegebenheiten (Mikroklima), die Bodenbeschaffenheit und die Lage des Weinbergs (steile Hänge, Hügellandschaften oder Ebenen) bestimmen die Weinqualität. Generell kann man sagen: je karger und ärmer der Boden, desto höher die Weinqualität. Sehr fruchtbarer Boden führt zu übermäßigem Wuchs der Rebtriebe und damit zu Reifeverzögerungen bei den Trauben; karger Boden dagegen ist wasserdurchlässig und die Reben müssen sehr tief wurzeln, um Wasser zu finden. Dadurch nehmen sie die wertvollen Mineralien und Nährstoffe auf, die sich in den tieferen Gesteinsschichten befinden.

53 Was ist Trester?

Die ausgepressten Traubenschalen und Kerne werden als Trester bezeichnet. Für Trester, das Restprodukt

bei der Weinherstellung, gibt es verschiedene Verwendungsmöglichkeiten. In der Vergangenheit, wurden die Schalen und Kerne getrocknet, in Brikettform gebracht und als Brennstoff verwendet. Eine andere Möglichkeit bestand darin, aus Trester Weinstein zu gewinnen. Weinstein wurde z.B. für die Herstellung von Backpulver und auch in der Pharmazie benötigt. Doch seit dieser Stoff auch synthetisch hergestellt werden kann, ist diese Absatzmöglichkeit für Trester nicht mehr bzw. kaum noch vorhanden. Des weiteren bestand und besteht die Möglichkeit aus Trester einen Brand herzustellen. Dazu verkaufen viele Winzer ihren Trester an Destillierbetriebe oder haben sich inzwischen selbst mit der Destillation befasst und erzeugen ihren eigenen Trester-Brand. Am weitaus häufigsten wird Trester allerdings kompostiert und anschließend als Dünger im Weinberg genutzt.

54 Schwefel im Wein, muss das sein?

Schwefel wird im herkömmlichen Weinbau gegen die Pilzkrankheit Oidium (Echter Mehltau) verwendet, im Weinkeller zur Säuberung der Fässer. Schwefeloxid (SO_2) wird dem Wein zugesetzt, um seine Lagerfähigkeit zu erhöhen und eine Oxidation zu verhindern. Wegen möglicher allergischer Reaktionen wird im ökologischen Weinbau die Schwefelzugabe auf max. 2/3 der vom Gesetzgeber erlaubten Menge beschränkt.

55 Gibt es Weine ohne Schwefel?

Nein. Da einige Mikroorganismen im Zuge der alkoholischen Gärung Schwefeldioxid freisetzen, enthält jeder Wein ein bisschen Schwefel. Allerdings ist die Menge, die der Kellermeister zum Stoppen der Gärung, zum Reinigen der Fässer und zum Stabilisieren des Weins einsetzt, unterschiedlich. Bio-Weine enthalten grundsätzlich weniger Schwefel als konventionelle, Rotweine weniger als Weißweine. Wie viel Schwefel ein Wein enthält, erfahren Sie auch bei Weinfachhändlern und Winzern. Enthält der Wein mehr als 10 mg Schwefel pro Liter, so findet sich auf dem Etikett ein Hinweis auf den Schwefel, nicht jedoch auf die konkret enthaltene Menge.

56 Was bedeutet Oxidation?

Im Fass und später während der Reife in der Flasche kommt der Wein mit Sauerstoff in Kontakt. Langsam verändert sich dadurch seine Farbe – Weißwein wird immer goldener, dunkelroter bis violetter Rotwein changiert zu Granatrot. Auch der Geschmack wandelt sich. Hat der Wein seinen Höhepunkt überschritten, wirkt er müde, riecht und schmeckt dünn und säuerlich.

57 Was sind die Voraussetzungen für guten Wein?

Weinqualität beginnt im Weinberg, abhängig von der Lage des Weinbergs, der Rebsorte, dem Wetterverlauf und den Fähigkeiten des Winzers. Ein guter Winzer achtet nicht nur auf gesunde Trauben, sondern auch auf einen nicht zu hohen Ertrag der Reben. Wenn nötig, schneidet er unterm Jahr Trauben raus, denn er weiß, ein nicht zu hoher Ertrag reifer und gesunder Trauben ist die Basis guter bis hoher Qualität.

58 Was bedeutet „veganer Wein"?

Wein an sich ist natürlich immer ein rein pflanzliches Produkt, da der Wein bei der Gärung von Traubensaft entsteht. Aus ganz natürlichen Gründen, befinden sich im Wein Trübstoffe, die sich sehr unschön am Boden von Glas, Flasche oder Schlauch absetzen würden. Um diese herauszufiltern, gibt es unterschiedliche Verfahren bzw. Mittel, die eingesetzt werden dürfen. In den meisten Fällen wird Speisegelatine verwendet. Veganer Wein hingegen wird rein mineralisch gefiltert, beispielsweise mit Bentonit. Somit kommt der Wein nicht mit tierischen Produkten in Berührung und darf deshalb als

„vegan" deklariert werden. Die Weine der Weinkampagne tragen seit 2014 fast alle das Vegan-Label des Vegetarierbunds Deutschland.

59 Werden amerikanische Weine mit Methoden hergestellt, die in Europa verboten sind?

Keines der amerikanischen Weinherstellungsverfahren ist einzigartig, sie werden von vielen Winzern weltweit angewandt. Aber es gibt kleine Unterschiede zwischen Europa und Kalifornien. Der Hauptgrund liegt in den unterschiedlichen Klimagegebenheiten, die unterschiedlicher önologischer Praktiken bedürfen. Aber in allen Weinbauländern werden die Weinherstellungsverfahren durch die Regierung kontrolliert und sie dienen nur einem Zweck: dem Konsumenten den bestmöglichen Wein in dem jeweiligen Preissegment zu liefern.

60 Wird der Verbraucher durch Eichenholz-Chips nicht im Bezug auf Barrique-Weine getäuscht?

Die Verwendung von Eichenholz-Chips ist gängige Praxis in vielen Ländern und wurde durch die Internationale Organisation für Rebe und Wein 2001 akzeptiert. Verbraucher haben Eichenholzaromen in den letzten Jahren als eine angenehme Geschmacksnote des Weines schätzen gelernt. Eichenholz-Chips bieten dem Verbraucher die Möglichkeit, Weine mit diesem Charakteristikum zu einem angemessenen Preis zu erwerben. Das ist keine Täuschung. Es ist nicht erlaubt „im Fass gereift" auf das Etikett zu schreiben, wenn in Wirklichkeit Eichholzchips verwendet werden. Dies wäre wirklich eine Täuschung und ungesetzlich.
Teurere Weine werden weiterhin in Eichenholzfässern gelagert. Sofern erschwinglich, ist dies ist die bevorzugte Methode. Die Europäische Union hat kürzlich den

Gebrauch von Eichenholz-Chips für ihre Mitgliedsländer prinzipiell genehmigt.

61 Was ist das „Mostgewicht"?

Der Zuckergehalt des Saftes „Most" - der durch An- bzw. Abpressen der Trauben erzeugt wird - wird in Deutschland in Öchsle angegeben.

62 Wie bekommt der Wein Farbe?

Aus der Haut der Beeren. Zum Beispiel gären die Trauben (Maische) für einen Rosé einige Stunden an, damit sich etwas Farbstoff aus der Beerenhaut absondert. Rosé ist nie ein Verschnitt Weiß mit Rot. Die derartigen Weine (Badisch Rotgold, Schillerwein in Württemberg) haben die Bezeichnung Rotling. Blanc de Noirs ist eine beliebt gewordene Variante: Weißwein aus roten Trauben. Diese werden sofort abgepresst. Anschießend wird der helle oder allenfalls zwiebelfarbene Saft vergoren, ohne mit der Beerenhaut in Berührung zu kommen.

63 Gibt es mehr weiße oder rote Rebsorten?

Rote Trauben werden weltweit mehr als weiße angebaut und verarbeitet, obwohl die Nachfrage nach Weißwein zur Zeit größer ist.

64 Was sind autochthone Sorten?

Hier handelt es sich um Rebsorten die nicht veredelt wurden. So gut wie alle über 10000 Rebsorten in Europa sind das Ergebnis künstlicher Kreuzungen, und aufgepfropfter Veredelungen.

65 Wie viele Kalorien enthält Wein?

100ml Rot- oder Weißwein enthalten zwischen 70 und 80 Kalorien (kcal). Alkoholfreier Wein hat nur etwa 26 Kalorien (kcal).
Der Diabetikerwein «Bacchus» von der Weinkellerei Weinkönig hat sogar nur 19 Kalorien.

66 Wie macht man Dessertwein (Süßwein)?

Es gibt verschiedene Methoden um Süßweine oder Dessertweine zu erzeugen:
Edelsüße Weine: Ein bestimmter Schimmelpilz führt zur so genannten Edelfäule. Dabei verdunstet Wasser durch die dünne Beerenhaut, die Zucker- und Säurekonzentration steigt. Der Ertrag ist sehr gering (Sauternes, Muffato, Trockenbeeren-Auslese).
Eiswein: Reife, gesunde Trauben werden gefroren geerntet. Beim Keltern bleibt das gefrorene Wasser der Traubenbeere in der Presse zurück, die natürliche Süße und Säure werden konzentriert.

Strohwein: Trauben werden auf Matten ausgebreitet und getrocknet. Zurück bleibt ein zucker- und säurereiches Konzentrat (Recioto, Vin de paille).
Portwein u. a.: Vollreife Trauben werden teilvergoren und – solange noch Zucker vorhanden ist – mit einer Zugabe von Alkohol stabilisiert (Porto, Sherry, Banyuls, Beaumes de Venise, Rasteau, Malaga, Marsala).

67 Was ist ein Kabinettwein?

Es handelt sich um die niedrigste Stufe der deutschen Prädikatsweine, gefolgt von Spätlese, Auslese, Beerenauslese. Der Wein darf nicht durch Zucker angereichert werden.

68 Ist Rotwein bekömmlicher als Weißwein?

Rotweine enthalten weniger Säure, aber mehr Mineralstoffe, Vitamine, Spurenelemente und Gerbstoffe (Tannine). Moderat genossen, wirkt Rotwein bei Herz- und Kreislauferkrankungen und sogar bei Nierensteinen wie Medizin.

69 Welche weißen Rebsorten zählen zu den berühmtesten der Welt?

Die Liste weißer Rebsorten mit dem bestem Image führt der Chardonnay an, gefolgt vom Sauvignon blanc, ursprünglich in Frankreich heimisch. In manchen Ländern hat Sauvignon blanc den Chardonnay im Renommee und auch in der Menge von Platz eins verdrängt.

70 Welche roten Rebsorten zählen zu den berühmtesten der Welt?

Die Liste der renommiertesten Rotweinsorten in der

Welt führen an: Cabernet Sauvignon, Pinot noir, Merlot, Syrah in Frankreich (in Australien und USA Shiraz genannt). In Europa zählen außerdem die italienischen Sorten Nebbiolo und Sangiovese zu den Spitzen, hinzu kommen als Edelsorten die spanische Tempranillo bzw. Tinto de Pais in der Region Ribera del Duero und in Kalifornien der Zinfandel.

71 Welche Rebsorten zählen zur Burgunderfamilie?

Alle Burgundersorten sind mit hoher Wahrscheinlichkeit durch Mutation, also Genveränderung, aus der roten Rebsorte Pinot noir (frz.) entstanden, die in Deutschland Spätburgunder, in der Schweiz Blauburgunder und Italien Pinot nero heißt. Zur Rebfamilie gehören Pinot blanc (frz.), auf deutsch Weißburgunder, auf italienisch Pinot bianco, außerdem Auxerrois und Pinot gris (frz.), in Deutschland Ruländer oder Grauburgunder genannt, in Italien Pinot grigio. Auch wenn die Chardonnay-Rebe die Basisweine für die großen Weißweine des Burgunds liefert, gehört sie nicht zur gleichnamigen Familie. Nicht verwechseln darf man die Rebsorte Weißburgunder mit den weißen Burgundern, dem Sammelbegriff für die Weißweine aus der Sorte Chadonnay aus der französischen Region Burgund.

72 Was unterscheidet einen leichten von einem schweren Rotwein?

Ob leicht oder schwer – das sind Empfindungen, die nichts mit dem Alkohol zu tun haben. Ein Irrtum, der sich hartnäckig hält. Leichte Rotweine verfügen nicht über weniger Alkohol, sondern über weniger Substanz und Kraft. Man schmeckt bei einem „leichten" Rotwein einfach viel weniger als bei einem „schweren" Rotwein, der vor Kraft, Gerbstoff, viel Frucht und Struktur strotzt und im Idealfall auch noch lange nachschmeckt, während der Nachhall eines „leichten" Weins schon längst verklungen ist. Einen Beaujolais Primeur zum Beispiel wird jeder Weintrinker als leicht bezeichnen, einen Bordeaux hingegen als schwer. Doch beide können den gleichen Alkoholgehalt von 12,5 Volumenprozent aufweisen. Die als leicht empfundenen Rotweine liegen nicht selten in der Säure höher und schmecken schon deshalb frischer, fruchtiger – und somit irgendwie leichter.

73 Was sind Kultweine?

Kultweine sind Weine, die jeder Weinfreak besitzen möchte. Meist gibt es sie nur in Kleinstauflage, was natürlich die Preise in die Höhe treibt. Doch das stört den Weinfreund nicht. Um die heiß begehrten Raritäten zu bekommen, zahlen sie gern jeden Preis, koste es, was es wolle. Pinot Grigio oder Prosecco sind nicht rar und doch besitzen sie Kultstatus. Es ist ihr fröhlicher italienischer Charme, der unkomplizierte, mit Urlaubserinnerungen verbundene Flair, mit dem sie seit den achtziger Jahren hier in Deutschland eine riesige Fangemeinde eroberten.

74 Was sollte man über Riesling wissen?

Die kleine runde Rieslingtraube gilt als die Königin unter den deutschen Weißweinsorten. Das hängt maßgeblich mit ihrer Flexibilät zusammen, denn kaum eine andere Rebsorte deckt ein so großes Qualitätsspektrum ab wie der Riesling. Der relativ hohe Säuregehalt macht sie dazu noch fast unbegrenzt lagerfähig. Dies gilt vor allem für die edelsüßen Riesling-Gewächse wie Beerenauslese, Trockenbeerenauslese oder Eiswein, die zu den Spezialitäten der Rebsorte gehören.
In unserer Anbauregion bringt die spät reifende Rebsorte

feine, elegante Weine hervor, die über Jahre erstaunlich frisch bleiben. In seinem Bukett erinnert der Riesling an Weinbergpfirsich, Apfel, Grapefruit, Rosenblüten, Honig und frisches Gras.

75 Was sollte man über den Spätburgunder wissen?

So wie der Riesling unter den deutschen Weißweinsorten als die Königin angesehen wird, so ist es der Spätburgunder unter den Rotweinsorten. Die mittelfrüh bis späte Reife zwischen Ende September und Mitte Oktober, erfordert eine gute, warme Weinbergslage, da die Weine nur bei einer sehr guten Traubenreife ihre volle Schönheit erhalten.
Eine späte Lese ist zwingend, nicht nur um hohe Mostgewichte zu erreichen, sondern auch um eine zu hohe Säure der Trauben am Stock abzubauen.
Wo das beachtet wird, werden Weine in ihrer Qualität von keiner anderen deutschen Rotweinsorte übertroffen. Geschmacklich erinnert er an reife Brombeeren oder Bittermandeln.
Wie bei allen Rotweinen, so gehört auch bei unserem Spätburgunder ein angenehmer Gerbstoffgehalt zu den Qualitätsmerkmalen.

76 Was ist „Federweiser"?

Neuer Wein, hierbei wird unterschieden zwischen Süßer und Reißer. Süßer ist frisch ausgepresster Traubenmost (fast ohne Alkohol) und Reißer ist in der Gärung befindlicher Traubenmost.

77 Gibt es gentechnisch veränderten Wein?

Derzeit wird zwar an gentechnischen Veränderungen von Weintrauben und Hefen gearbeitet. Bisher ist aber

kein Wein aus gentechnisch veränderten Trauben oder Hefen auf dem Markt. An Weintrauben wird vor allem mit dem Ziel geforscht, die Reben resistent gegen Pilze und Bakterien wie den Echten und Falschen Mehltau zu machen. Auch andere Eigenschaften wie Zuckergehalt, Kernlosigkeit, Farbe oder Kältetoleranz sollen mit Hilfe der Gentechnik verbessert werden.

78 Was sind die wichtigsten deutschen Rebsorten?

Als wichtigste Rebsorten gelten in Deutschland: Riesling, Müller-Thurgau, Silvaner, Kerner, Grauburgunder (Ruländer), Spätburgunder, Dornfelder, Portugieser, Trollinger.

79 Was unterscheidet Chardonnay und Chablis?

Immer wieder etwas peinlich ist es, wenn ein Chardonnay abgelehnt wird, weil man lieber einen Chablis hätte. Der vielleicht bekannteste Chardonnay wird nach einem Städtchen im Burgund benannt: Chablis.

80 Wie viele verschiedene Rebsorten gibt es?

Wie viele Rebsorten es weltweit gibt, weiß man nicht. Wissenschaftler schätzen 2000. Die 10 am weitesten verbreiteten Sorten machen 80 Prozent der Weltweinproduktion aus. In verschiedenen Ländern und auf anderen Böden angebaut ergibt dieselbe Sorte stets einen unterschiedlichen Wein.

81 Wieso ist Bio-Wein teurer?

Die Arbeit in einem ökologisch bewirtschafteten Weinberg und Weinkeller ist mit deutlich mehr Aufwand verbunden als im konventionellen Weinbau. Vor allem durch den Verzicht auf viele Schädlingsbekämpfungsmittel und leicht lösliche Dünger ist der Arbeitsaufwand im Weinberg größer – das schlägt sich auch im Preis nieder. Im Weinkeller zählen, bei konventionellen wie ökologischen Winzern, Hygiene, Sorgfalt, Geschick und Erfahrung, um qualitativ hochwertige Weine zu erzeugen. Im Bereich der gehobenen Qualitäten ist der Preisunterschied zwischen Bio-Weinen und konventionellen Weinen daher gar nicht mehr so groß.

82 Was ist alkoholfreier Wein?

Ursprünglich ein fertig vergorener alkoholhaltiger Wein. laut EU-Weingesetz mit einem Mindestgehalt von 8,5 Vol. % – welchem der Alkohol nachträglich entzogen wurde. Ein entalkoholisierter Wein darf „alkoholfrei" genannt werden, wenn der Restalkohol unter 0,5 Vol. % (4 g/l) liegt. Der Alkohol wird entzogen indem der Wein auf 28 °C (im Vakuum) erwärmt wird. Bereits bei dieser niedrigen Temperatur entweicht der Alkohol.

83 Welcher Boden bringt welchen Wein hervor?

Kalk- und Kreideboden: spritzige, finessenreiche, mineralstoffreiche Weine mit Struktur und im besten Fall viel Charakter
Lehmlößboden: Kräftige Weine, weniger Säure, oft ausgeprägtes Aroma
Sandboden: leichte, duftige Weine
Gesteinverwitterungsboden (Schiefer, Granit, Porphyr): Weine mit Struktur und vielschichtigen Aroma (besonders gut für Weißwein)
Tonboden: Fette Weine mit viel Körper und Bukett
Vulkanboden: füllige, feurige und geschmeidige Weine (Beispiel Kaiserstuhl und die außergewöhnlich guten Spätburgunder)

84. Was versteht man unter „Terroir"?

Darüber, was Terroir bedeutet, ist sich die Winzergemeinde selbst nicht ganz einig. Die Übersetzung des französischen Begriffs mit „Boden" oder „Gegend" greift zweifellos zu kurz. „Zu Terroir gehört auch der Niederschlag, die Rebsorte, das Mikroklima des Standorts, aber auch die Kunst des Winzers", erklären Fachleute.

85. Was unterscheidet „Assemblage" von „cuvée"?

Bei der Assemblage handelt es sich um einen Vorgang, bei dem die verschiedenen Bestandteile eines feinen Weines zusammengestellt werden. Auch bei der Schaumweinherstellung werden Komponenten, teilweise aus verschiedenen Jahren, miteinander vermählt. Auch hier verwendet man oft auch das Wort «cuvée» für Verschnitte von verschiedenen Traubensorten. Der Ausdruck hat aber noch andere Bedeutungen. Cuvée steht aber auch, in der Champagne für den aus der Kelter zuerst ablaufenden feinsten Most.

SCHAUMWEINE

86 Wie entsteht Sekt oder Champagner?

Sekt oder Champagner entsteht vereinfacht beschrieben durch die zweite Vergärung des fertigen Weines nach Zusatz einer Zuckerlösung, mit der die Gärung erneut in Gang gebracht wird.

87 Was sind die Bezeichnungen für Champagner?

Brut	(bis 15 g Zucker) trocken
Extra Sec	bis 20 g Zucker) halbtrocken
Sec	(bis 35 g Zucker) milder Geschmack

88 Was ist Spumante?

Ein Schaumwein, der nach der Methode der traditionellen Flaschengärung hergestellt wurde (metodo classico, metodo tradizionale). Oder ein Sekt, der durch Zweitgärung in einem Drucktank aus Edelstahl vergoren und danach wieder auf Flasche gefüllt wurde.

89 Wie kommen die „Perlen" in den Wein?

Grundsätzlich unterscheidet man drei Herstellungsverfahren für den Sekt. Die einfachste ist die so genannte Tankgärung, nach ihrem Erfinder „Méthode Charmat" genannt. Hier findet die zweite Gärung – die dreißig Tage dauert – in großen Drucktanks statt, dann erfolgt eine weitere Lagerzeit im Tank, die für Qualitätsschaumwein ein halbes Jahr beträgt. Schließlich wird unter Gegendruck von Kohlendioxyd abgefüllt.
Erfolgt die zweite Gärung in Flaschen und werden diese anschließend in einem Großtank homogenisiert, spricht man von „Transvasierverfahren".

SCHAUMWEINE

Bei der „Méthode traditionelle" (Champagner-Herstellung) bleibt der Wein auch nach der zweiten Gärung immer in der Flasche.

90 Warum hat Schaumwein keine Jahrgangsbezeichnung?

Es gibt Schaumweine mit Jahrgang; allerdings ist dies eher die Ausnahme. Üblicherweise werden Schaumweine aus mehreren Jahrgängen komponiert. So ist eine Konstanz über die Jahre hinweg möglich: Kleine Qualitätsschwankungen der verschiedenen Jahrgänge können ausgeglichen werden.

91 Was ist Prosecco?

Prosecco – heute Glera genannt – war früher sowohl der Name einer weißen Rebsorte als auch des Schaumweins,

der daraus hergestellt wird. Der Name Prosecco darf seither nur noch für die aus Glera-Trauben gekelterten Schaumweine aus einem klar definierten Herkunftsgebiet im Veneto benutzt werden. Die Perlen im Prosecco können auf unterschiedliche Art erzeugt werden. Entweder wird der stille Weißwein mit Kohlesäure versetzt (imprägniert), dies ist die kostengünstigere Methode. Bessere Qualität entsteht durch eine zweite Gärung in der Flasche oder im Tank, was aber auch teurer ist.
Am bekanntesten sind Prosecco die Conegliano und Prosecco di Valdobbiadene aus Venetien.

92 Woran kann man guten Sekt erkennen?

An der feinen Perlage (Kohlensäure), die lange in der Flasche oder Glas bleibt. Außerdem gilt beim Sekt noch mehr als beim Wein: Billigware bedeutet Billig-Qualität.

93 Was ist Frizzante?

Das ist die Bezeichnung für einen leicht schäumenden Perlwein (1-2,5 bar), der im Drucktank vergoren oder mit Kohlensäure versetzt wurde.

FLASCHEN & ETIKETT

94 Wozu die Amtliche Prüfungsnummer?

Jeder deutsche Qualitätswein bestimmter Anbaugebiete (QbA) und Qualitätsweine mit Prädikat muss eine amtliche Prüfungsnummer (A.P.NR.) tragen. Geprüft werden so genannte Vorbedingungen wie Farbton, Klarheit, Sortentypigkeit usw., bewertet wird mit dem so genannten 5-Punkte-System Geruch, Geschmack und Harmonie eines Weines. Die A.P.NR. (z.B. 549/15/01) setzt sich zusammen aus der Betriebsnummer (549), Reihenfol-

Schlegelflasche	**Bordeauxflasche**	**Burgunderflasche**	**Albeisa**	**Keulenflasche**
Für Mosel- (grünes Glas) für Rheinweine (braunes Glas)	Der Klassiker, für Rotweine, farbloses Glas für Graves- und Sauternes-Weine	Für Rot- und Weißweine aus braunem und gelbgrünen Glas	ist eine geschützte Flaschenform für Weine aus dem Piemont	Folkloristische Flasche für Rosèweine aus der Provence

ge der Abfüllung eines Jahres (15) und Jahr der Prüfung bzw. Abfüllung (01).
In Österreich wird die so genannte staatliche Prüfnummer vergeben. Sie wurde im Jahre 1987 als eine der Maßnahmen auf den Weinskandal 1985 eingeführt.

95 Wie erkennt man Qualitätsweine am Etikett?

Französische Weine an der Bezeichnung „Appellation d'Origine Controlèe" (A.O.C. oder A.C.), Weine aus Italien an: „Denominazione di Origine Controllata" (D.O.C) oder „Denominazione di Origine Controllata e Garan-

| **Bocksbeutel** Traditionelle Flasche für fränkischen Wein, vorgeschrieben für Prädikats- und Qualitätsweine aus der Region | **Elsässer Flöte** Für alle elsässischen Weine, aber auch in anderen Regionen und Ländern | **Champagnerflasche** Für Schaumweine aller Art aus dickwandigem Glas | **Portweinflasche** Typisch auch für Sherry oder Likörweine, aus UV-resistentem Glas |

tita" (D.O.C.G.) und deutsche Qualitätsweine bestimmter Anbaugebiete an (Q.b.A.) . Darunter stehen die Landweine und als einfachste Weine die Tafelweine. Wobei manche italienischen Ertzeuger ihre guten Weine auch Tafelweine nennen, um nicht an regionale Vorschriften gebunden zu sein.

96 Was verrät mir das Wein-Etikett?

Etiketten verraten nicht nur von welchem Winzer der Wein kommt, und um welche Sorte es sich handelt, sondern unterliegen besonderen gesetzlichen Bestimmungen.
So gibt es Vorschriften für die Angaben bis hin zur exakten Schriftgröße.
Zunächst muss die Qualitätsstufe (Tafelwein, Landwein, Qualitätswein bestimmter Anbaugebiete (Q.b.A.) oder Qualitätswein mit Prädikat.) aufgeführt sein. Weiter müssen Abfüller oder Erzeuger und Ort der Abfüllung angegeben werden.
Das Nennvolumen der Flasche sowie der Alkoholgehalt sind Pflichtangaben. Qualitätsweine tragen zusätzlich die Amtliche Prüfnummer (A.P.NR.).

97 Auf welche Angaben auf dem Etikett sollte man besonders achten?

Einige Angaben wie etwa der Alkoholgehalt oder das Füllvolumen müssen laut Gesetzgeber auf den Etiketten stehen und sind daher obligatorisch.
Darüber hinaus sind oft gerade die Etiketten deutscher Weine mit Herkunfts-, Rebsorten- und Produktbeschreibungen überladen.
Als Faustregel kann gelten: Je genauer der Ursprung des Weines deklariert ist, desto höher ist die Wahrscheinlichkeit, dass man einen guten Wein in der Hand hält.

Zudem sollte der Verbraucher auf die Qualitätsklassifizierung des Weines achten. Ein „QbA" (Qualitätswein bestimmter Anbaugebiete) muss wesentlich schärfere gesetzliche Bestimmungen einhalten als beispielsweise ein Tafelwein.

98 Was heißt die Angabe Volumenprozent?

Der Alkoholgehalt von Bier, Wein, Sekt und Spirituosen wird in Volumenprozent angegeben. Diese Zahl gibt Auskunft, wie viel Kubikzentimeter Alkohol in 100 ml Getränk enthalten ist. Bei der Angabe 12,5 %Vol auf einem Wein heißt das, dass 12,5 ml Alkohol in 100 ml enthalten sind, was 125 ml Alkohol in einem Liter (1000 ml) Wein entspricht.

FEHLER

99 Was ist ein „Korkschmecker"?

Schmeckt oder riecht ein Wein nach Kork, so liegt das an Bakterien die in schlechten oder falsch behandelten Korken vorkommen und Trichloranisol (TCA) produzieren. Mit der zunehmenden Flaschenweinproduktion gehen die Korkeichen-Reserven zur Neige. Die Folge ist, dass schlechte Korkrinden weniger streng aussortiert werden und dadurch der Anteil an korkkranken Weine steigt.

100 Was tun bei Schimmel auf dem Korken?

Wenn der Korken in Ordnung ist, kann der Wein ohne Bedenken getrunken werden. Bröselt dieser jedoch und ist feucht, könnte er von Korkmotten befallen und der Wein verdorben sein.

INDEX

Abbeeren 27
Abgang 16
Alkoholfreier Wein 43
Alkoholgehalt 52
Alte Welt 8
Amerikanische Weine 33
A.P.NR. 48
Aroma 12, 15
Assemblage 27, 44
Autochthone Sorten 35

Barrique 23
Barrique-Wein 23, 24, 33
Beaujolais Primeur 39
Bentonit 32
Beschreiben von Wein 10
Bestandteile 5
Bezeichnung, Flaschengrößen 7
Bio-Wein 42
Blanc de Noir 34
Bocksbeutel 17
Boden 43
Bouquet 10
Bukett 15
Burgunderfamilie 38

Champagner 45
Champagner-Herstellung 46
Chardonnay und Chablis 42
Châteauneuf-du-Pape 25
Chianti Classico 25
Cuvée 44

Dekantieren 19
Depot 28
Dessertwein 35
Diabetikerwein 35
Duft 10

Edelfäule 25
Edelsorten 38
Edelstahltank 20
Edelsüße Weine 25, 35

Eichenholz-Chips 33
Eiswein 35
Etikett, Angaben 50

Federweiser 40
Fenster 10
Flaschenformen 48, 49
Flaschengrößen 7
Frizzante 47

Gemischter Satz 28
Gentechnik 40
Gerbstoffgehalt 40
Geschichte 8
Geschmack 10
Gesundheit 5, 36
Glasformen 12
Glera 46
Grauschimmelpilz 25

Haltbarkeit 22
Hefe 40
Holzfass 20
Holzweine 24

Imprägniert 47

Kabinettwein 36
Kalorien 35
Käse und Wein 14
Klima, Boden und Lage 28
Kohlendioxyd 45
Korkgeschmack 53
Korkmotten 53
Korkschmecker 53
Kühlung 16
Kultweine 39

Lagerfähigkeit 23
Lagerung 20, 23
Lagerung, offene Flasche 21

Maische 27, 34

INDEX

Menge-Güte Relation 27
Méthode Charmat 45
Méthode traditionelle 45
Metodo classico 45
Mikroklima 28, 44
Most, erster 44
Mostgewicht 34
Neue Welt 8, 9

Öchsle 34
Oidium 30
Ökologisch 42
Oxidation 31

Parker, Robert 7
Perlage 45
Perlwein 47
Phenole 5
Pinot 38
Portwein, u.a. 36
Prädikatsweine, Abstufungen 36
Prosecco 46
Prüfungsnummer 48

Qualitätsbezeichnungen 49
Qualitätsklassifizierung 52
Qualität, Weine, Etikett 49
Reben, alt 25

Reblaus 8
Rebsorten 35, 42
Rebsorten, berühmte 36
Rebsorten, deutsch 42
Reißer. Süßer 40
Riesling 39
Rosè 27
Rotling 34

Schaumweine, Jahrgang 46
Schillerwein 34
Schimmel 53
Schwefel 30
Schwund 21
Sehen, Riechen, Schmecken 15

Sekt 23, 45, 47
Spätburgunder 40
Speisegelatine 32
Speisen und Wein 13
Spumante 45
Stabilisieren 30
Strohwein 36
Süßwein 3

Tafeltrauben 7
Tankgärung 45
Tannin 27
Temperatur 16, 17
Terroir 44
Transvasierverfahren 45
Trester 28
Trichloranisol 53
Trinken, Anleitung 14
Trübstoffe 31

Veganer Wein 31
Verschluss.20
Verschnitt 25
Volumenprozent 52

Weinanbau, Welt 5
Weinerzeugung, Länder 5
Wein, Farbe 34
Weinflasche, öffnen 17
Weingesetze 8
Weinglas 12, 13
Weinherstellung 25
Weinkritiker 7
Wein, leicht oder schwer 38
Weinqualität 31
Weinskandal 49
Weinstein 16
Weißer Burgunder 38
Weißherbst 27

Zuckergehalt 34
Zuckerlösung 45
Zunge 10
Zweitgärung 45

DER AUTOR

Rainer Wörtmann
war u. a. Chefredakteur der
Zeitschrift „Playboy",
Art Director der Zeitschrift
„TransAtlantik",
verantwortlicher Redakteur
des Titelbildes
„Der Spiegel", sowie
Mitglied der Chefredaktion
„SPIEGEL special".

Bereits erschienene Bücher:
„Leicht lernen mit Eselsbrücken",
ISBN: 3-8334-0035-8;
„Fremdwörter leicht verstehen",
ein Merkkalender
„Ich denk' an Dich" und
„Tipps rund ums Kochen",
ISBN - 9783732298785.

Rainer Wörtmann
lebt als freier Medienberater
in Hamburg und Italien.